LECTURES CLE EN FRANÇAIS FACILE

LA TULIPE NOIRE

Alexandre Dumas

Adapté en français facile
par Elyette Roussel

© CLE International, 2018 - ISBN : 9782090317282

N° de projet : 10296388 - Dépôt légal : avril 2018
Imprimé en France en octobre 2023 par la Société TIRAGE - 91941 COURTABŒUF

A̲l̲e̲x̲a̲n̲d̲r̲e̲ D̲u̲m̲a̲s̲ naît à Villers-Cotterêts en 1802 et, dès quatorze ans, il commence à travailler chez un notaire.

Il s'installe à Paris en 1822 et écrit surtout des pièces de théâtre. Il devient célèbre grâce à sa pièce *Henri et la cour* (1829). Aidé de nombreux collaborateurs, il reconnaît, dans une lettre adressée en 1864 à Napoléon III, avoir « écrit et publié douze cents volumes ». Les plus connus sont : *Le Comte de Monte-Cristo* (1844), *Les Trois Mousquetaires* (1844), *La Reine Margot* (1845), *Le Chevalier de Maison-Rouge* (1846)...

Alexandre Dumas est sans doute le plus populaire des écrivains de son époque et il a publié la majorité de ses romans sous forme de feuilletons qui paraissaient chaque jour dans un journal.

Il meurt en 1870.

Pour écrire ses romans, Alexandre Dumas s'inspire de personnages réels qui ont joué un rôle important dans l'histoire.

La Tulipe Noire a pour point de départ la lutte pour le pouvoir dans les Pays-Bas du XVIIe siècle, entre les frères de Witt et Guillaume III d'Orange.

Avant de commencer la lecture de ce roman, voici quelques mots sur ces personnages.

Jean et Corneille de Witt (Johan et Cornelius) : hommes politiques hollandais du XVIIe siècle. Ils étaient partisans de la République et s'opposaient au pouvoir accumulé par les Orange. Ils sont assassinés en 1672 à La Haye par une foule d'Orangistes.

Guillaume III : prince d'Orange et petit-fils du roi Charles Ier d'Angleterre. Ses partisans sont appelés « orangistes ».

Monsieur de Louvois : ministre de la guerre de Louis XIV, roi de France.

Les mots ou expressions suivis d'un astérisque* dans le texte sont expliqués dans le Vocabulaire, page 61.

CHAPITRE I

Le 29 août 1672, les habitants de La Haye courent vers le Buytenhoff, la grande prison de la ville, pour assister au départ en exil[1] de Corneille de Witt. Corneille de Witt et son frère Jean ont toujours été partisans[2] de la République et ils ne sont pas aimés par le peuple hollandais qui préfère maintenant Guillaume, prince d'Orange.

Un habitant a déclaré que Corneille de Witt, plein de haine contre Guillaume d'Orange, voulait assassiner le prince, et Corneille a été arrêté, emprisonné et condamné à quitter le pays.

Ce jour-là, Jean de Witt, accompagné de son serviteur Craeke, va chercher son frère à la prison, pour l'accompagner dans son exil.

Les cris montent de la place à la prison :

– Vive Orange ! À bas les traîtres ! crie la foule.

– Oh ! oh ! comme ces gens sont en colère ! Est-ce contre vous, Jean ? Ou est-ce contre moi ?

– Je crois que c'est contre nous deux, Corneille.

---

1. Exil : état d'une personne que la loi oblige à vivre hors de son pays.
2. Partisan : personne qui suit les idées d'une autre personne, d'un parti…

Les partisans de Guillaume d'Orange nous reprochent nos accords avec la France.

– Si ces négociations¹ avaient réussi, nous n'aurions pas perdu tant de guerres, et la Hollande serait encore un grand pays.

– Tout cela est vrai, mon frère, mais si l'on trouvait en ce moment notre correspondance² avec Monsieur de Louvois, ces lettres nous perdraient auprès des Orangistes. Aussi, cher Corneille, j'espère que vous avez brûlé ces lettres avant de quitter Dordrecht pour venir me retrouver à La Haye.

– Mon frère, je ne l'ai pas fait car cette correspondance avec Monsieur de Louvois prouve que vous avez été le plus généreux et le plus habile citoyen de Hollande. J'ai confié vos lettres à Cornélius van Baerle, mon filleul, qui demeure à Dordrecht.

– Pauvre Cornélius ! Cet homme qui sait tant de choses et qui ne pense qu'aux fleurs ! Si vous lui avez donné ces lettres, il est perdu ! Tant qu'il les possédera, votre filleul sera en danger de mort. Je vais lui écrire un mot³. Mon serviteur le lui donnera.

Il arrache la première page de la Bible qu'il a toujours avec lui et écrit :

Cher filleul,

Brûle le paquet que je t'ai donné, brûle-le sans

---

1. Négociations : série de discussions entre deux ou plusieurs personnes pour arriver à un accord.
2. Correspondance : échange de lettres entre deux personnes.
3. Mot : lettre courte.

le regarder, sans l'ouvrir, sans le lire. Adieu.

Corneille de Witt

– Et maintenant, dit-il, partons, Corneille.

Dans la cour de la prison, la belle Rosa, la fille du geôlier[1] Gryphus, les attend.

– Oh ! Messieurs, quel malheur. Les habitants de la ville sont furieux et ils veulent vous tuer. Ne sortez pas par la porte principale, partez par derrière.

– Mon enfant, dit Corneille, je n'ai rien à te donner en échange de ce bon conseil, sauf la Bible que tu trouveras dans ma chambre : c'est le dernier cadeau d'un honnête homme et j'espère qu'il te portera bonheur.

– Merci, monsieur Corneille, elle ne me quittera jamais. Malheureusement, je ne sais pas lire !

– Adieu, mon enfant, dit Corneille. Tu viens de sauver la vie de deux hommes.

Mais la foule, qui aime voir le sang couler, les retrouve, les traîne sur le sol jusqu'à un gibet[2] et les suspend par les pieds ; et les deux hommes meurent.

✳ ✳ ✳

Pendant que les habitants de La Haye mettent en pièces[3] les corps de Jean et de Corneille, Craeke, le fidèle serviteur, va jusqu'à Dordrecht, vers la maison

---

1. Geôlier : gardien de prison.
2. Gibet : instrument qui sert à pendre un condamné.
3. Mettre en pièces : mettre en morceaux, tuer.

du docteur Cornélius van Baerle, le filleul de Corneille. Cornélius a toujours aimé les tulipes : il a fait construire une serre* et il a aménagé¹ une grande pièce où il garde ses oignons* et ses caïeux*. Ses tulipes, son séchoir* et ses cahiers de caïeux sont célèbres dans la ville entière.

Cornélius a, sans le savoir, un ennemi : son voisin Isaac Boxtel, qui, lui aussi, aime et cultive les fleurs. Boxtel est jaloux de Cornélius. Il a acheté un télescope², et il observe tout ce que fait son voisin et surtout les fleurs qu'il cultive, depuis le moment où elles sortent de terre jusqu'à celui où elles montrent leurs couleurs.

Les tulipes de van Baerle sont tellement belles qu'il devient malade de jalousie !

À cette époque, la société tulipière de Harlem propose un prix de cent mille florins pour celui qui découvrira la grande tulipe noire et sans tache.

Van Baerle, comme beaucoup de tulipiers, et comme son voisin, travaille pour faire pousser une tulipe noire ; il a commencé lentement les semis* et les opérations nécessaires pour amener les tulipes du rouge au brun, et du brun au brun foncé. En une année, il a obtenu des fleurs d'un bistre³ parfait, alors que Boxtel n'a encore trouvé que le brun clair.

---

1. Aménager : organiser une pièce pour un usage particulier.
2. Télescope : instrument qui permet de voir des objets qui sont très loin, dans le ciel par exemple.
3. Bistre : marron presque noir.

En voyant que Van Baerle est sur le point de trouver la tulipe noire avant lui, Boxtel devient presque fou : il arrête ses travaux et passe ses journées à regarder au télescope ce que fait son voisin.

✳ ✳ ✳

En 1672, au commencement de l'année, Corneille de Witt était venu à Dordrecht pour rendre visite à son filleul. Il avait visité les serres dans lesquelles poussaient les tulipes, puis le séchoir où se trouvaient les oignons, sans savoir que Boxtel suivait tous les pas qu'il faisait.

Puis, lorsque tous les serviteurs de la maison étaient partis, il avait donné à son filleul un paquet blanc, et Boxtel avait pensé tout de suite qu'il s'agissait de papiers de la plus grande importance. À cette époque, Corneille de Witt n'était déjà plus très populaire. Cornélius avait mis le paquet dans un tiroir où il gardait ses oignons et Corneille de Witt était parti.

Ce paquet était la correspondance de Jean avec monsieur de Louvois. Mais Cornélius ne connaissait pas l'importance de ce paquet, ni son contenu. Son parrain lui avait seulement dit de ne jamais parler de ce paquet à personne.

✳ ✳ ✳

Le 20 août 1672, à une heure de l'après-midi, Cornélius est dans son séchoir. Il tient dans ses mains les trois caïeux qu'il vient de détacher de son oignon et il les regarde attentivement : ce sont trois caïeux purs et parfaits.

À ce moment, Craeke, le serviteur de Jean de Witt, entre dans le séchoir.

– Qu'est-ce qui se passe, Craeke ?
– Lisez ce papier sans perdre un instant.

Et Craeke repart sans tourner la tête.

Au même moment, un domestique entre, le visage pâle.

– Ah ! monsieur, fuyez, fuyez vite !
– Fuir, et pourquoi ?
– Monsieur, la maison est pleine de gardes. Ils vous cherchent pour vous arrêter. Prenez votre or, vos bijoux, et fuyez ! Sautez par la fenêtre !
– C'est très haut.
– Vous tomberez sur de la terre.
– Oui, mais je tomberai sur mes tulipes.

Cornélius cherche des yeux un papier où envelopper les caïeux et, voyant la feuille de la Bible déposée par Craeke, il la prend sans faire attention, pour y envelopper les trois caïeux. Puis, il les garde dans sa chemise.

Les soldats entrent au même instant.

– Donnez-nous les papiers que le traître[1] Corneille de Witt vous a donnés au mois de janvier dernier.

---

1. Traître : personne qui cesse d'être fidèle à un ami, à sa patrie.

– De quoi parlez-vous ?

– Docteur Cornélius, au nom de la loi, je vous ordonne d'ouvrir ce tiroir et de me donner les papiers qui y sont renfermés, lui dit un soldat en montrant du doigt le troisième tiroir d'un meuble placé près de la cheminée.

C'est dans ce troisième tiroir, en effet, que se trouvent les papiers remis par Corneille de Witt à son filleul, preuve que la police a été parfaitement renseignée.

Et ouvrant le tiroir, le soldat trouve une vingtaine d'oignons, rangés et étiquetés[1] avec soin ; puis le paquet de lettres remis à son filleul par le malheureux Corneille de Witt.

Le soldat, après avoir déchiré l'enveloppe, regarde les premières feuilles et s'écrie d'une voix terrible :

– Ah ! Nous avons été bien renseignés ! Suivez-nous. Au nom de la loi, je vous arrête.

Cornélius, stupéfait, embrasse sa nourrice[2] et dit adieu à ses serviteurs ; puis il est conduit à la prison de La Haye.

Ce qui vient d'arriver est, comme on le devine, l'œuvre de mynheer Isaac Boxtel.

Lorsque Boxtel a appris que Corneille de Witt était arrêté et accusé de haute trahison envers son pays, il a pensé faire arrêter le filleul en même temps que le

---

1. Étiqueter : mettre un morceau de papier à un objet qui donne une indication sur ce dernier (nom, prix, nom du propriétaire…).
2. Nourrice : femme dont le métier est de garder des jeunes enfants.

parrain. Car Boxtel n'ignorait pas que van Baerle était sur le point d'obtenir la grande tulipe noire. Boxtel pensait que si Cornélius était arrêté, il pourrait entrer chez son voisin et prendre le fameux oignon ; au lieu de fleurir chez Cornélius, la tulipe noire fleurirait chez lui, et ce serait lui qui gagnerait le prix de cent mille florins ; et puis il appellerait la fleur nouvelle *Tulipa Negra Boxtellensis*.

À minuit, Boxtel entre sans problème chez son voisin. Il connaît l'endroit où sont enterrés les caïeux de la future tulipe noire ; il les cherche dans tous les tiroirs mais il ne trouve rien et il devient fou de rage.

Et pourtant, sur le cahier où van Baerle écrit tout ce qui concerne ses tulipes, Boxtel a bien lu :

« Aujourd'hui 20 août 1672, j'ai déterré* l'oignon de la grande tulipe noire et je l'ai séparé en trois caïeux parfaits. »

– Où sont ces caïeux ? hurle Boxtel. Où les a-t-il cachés ?

Puis tout à coup, se frappant le front :

– Oh ! Il les a sûrement emportés à La Haye ! Il faut que j'aille à La Haye ! S'il les a, il ne peut les garder que tant qu'il sera vivant, et...

CHAPITRE II

À MINUIT, LE PAUVRE VAN BAERLE entre à la prison du Buytenhoff et le geôlier Gryphus le reçoit avec ces mots :

– Vous êtes le filleul de Corneille de Witt ? Ah, jeune homme, nous avons justement ici la chambre de famille ; nous allons vous la donner !

Dans le couloir de la prison, Cornélius aperçoit le visage d'une belle jeune fille aux cheveux blonds. C'est Rosa, la fille de Gryphus, qui a été réveillée par l'arrivée de Cornélius.

Cinq minutes après, Cornélius entre dans le cachot[1] et s'approche de la fenêtre. Juste en face, il y a encore le gibet avec une pancarte : « Voici ce qui reste de Jean de Witt et de son frère Corneille de Witt, deux ennemis du peuple, mais deux grands amis du roi de France. ».

– Messieurs de Witt ont été assassinés ! murmure Cornélius, en se laissant tomber sur son lit.

Puis, tirant de sa chemise les trois caïeux de la tulipe noire, il les cache dans le coin le plus obscur de la pièce.

---

1. Cachot : chambre où est enfermé un prisonnier.

Le même soir, comme il apporte le souper au prisonnier, Gryphus tombe et se casse le bras.

Pendant ce temps, la porte de la prison reste ouverte, mais Cornélius ne pense pas un seul instant à s'échapper. Au contraire, il porte immédiatement secours[1] au blessé.

La belle Rosa arrive à ce moment.

– Aide-moi à me lever, ma fille, lui dit Gryphus, et aide le prisonnier à me soigner.

Puis Gryphus s'évanouit pendant que Cornélius lui remet le bras en place.

– Monsieur, lui dit Rosa, je suis seule, je suis faible, mon père est évanoui et le chien est attaché. Partez, quittez la prison.

– Je refuse. On vous accuserait. Merci, mon enfant, mais je reste.

– Vous restez ! Mon Dieu ! N'avez-vous donc pas compris que vous serez condamné à mort, et peut-être assassiné, mis en morceaux comme on a assassiné et mis en morceaux monsieur Jean et monsieur Corneille ! Au nom du ciel, ne vous occupez pas de moi et fuyez.

– Mon enfant, je suis innocent, j'attendrai mes juges avec la tranquillité et le calme d'un innocent.

Les juges viennent le lendemain au Buytenhoff et interrogent Cornélius van Baerle. Celui-ci reconnaît que son parrain lui a confié le paquet de lettres et il est

---

1. Porter secours : aider.

condamné à mort. Cornélius écoute la sentence[1] avec un visage plus étonné que triste.

– Vous serez condamné aujourd'hui, à midi.

La belle Rosa s'avance vers Cornélius en appuyant ses deux mains sur son cœur.

– Oh ! monsieur ! Est-ce que je peux faire quelque chose pour vous ?

– Ma belle amie, j'ai toujours aimé les fleurs. J'ignorais que l'on pouvait aimer autre chose... Oh ! ne rougissez pas, Rosa. J'aime les fleurs et j'ai trouvé le secret de la grande tulipe noire qui est l'objet d'un prix de cent mille florins proposé par la société horticole* de Harlem. Ces cent mille florins, je les ai là dans ce papier, avec les trois caïeux qu'il renferme, et que vous pouvez prendre, Rosa, car je vous les donne.

– Monsieur Cornélius !

– Oh ! vous pouvez les prendre, mon enfant. Je suis seul au monde ; mon père et ma mère sont morts ; je n'ai ni sœur ni frère et je n'ai jamais aimé personne d'amour. Vous voyez bien, Rosa, que je suis seul au monde.

– Mais, monsieur, cent mille florins...

– Cent mille florins seront une belle dot[2]. Je vous demande seulement d'épouser un brave garçon, jeune, que vous aimerez, et qui vous aimera autant

---

1. Sentence : décision que prend un juge.
2. Dot : argent qu'une femme apporte quand elle se marie.

que moi j'aime les fleurs. Ne m'interrompez pas, Rosa, je n'ai plus que quelques minutes de vie...

La pauvre fille pleure.

– Écoutez-moi. Vous prendrez de la terre dans mon jardin de Dordrecht et vous planterez dedans ces trois caïeux ; ils fleuriront en mai prochain, c'est-à-dire dans sept mois, et quand vous verrez la première tulipe, passez les nuits à la protéger du vent, les jours à la protéger du soleil. Elle sera noire, j'en suis sûr. Alors vous écrirez au président de la société de Harlem. Il viendra la voir et il vous donnera les cent mille florins. Vous appellerez cette tulipe la *Rosa Barlaensis*. Apportez-moi un crayon et du papier et je vous écrirai ce nom.

– Prenez cette Bible qui a appartenu à votre parrain. Écrivez dessus ce que vous avez à écrire, monsieur Cornélius ; je ne sais pas lire mais je vous promets de faire tout ce que vous écrirez.

Ce 23 août 1672, sur le point de mourir, je donne à Rosa Gryphus trois caïeux qui doivent donner au mois de mai prochain la grande tulipe noire, objet du prix de cent mille florins proposé par la société de Harlem. Je désire qu'elle reçoive ces cent mille florins en mon nom, et je désire donner à la grande tulipe noire le nom de Rosa Barlaensis, *c'est-à-dire son nom et le mien réunis.*

Cornelius Van Baerle

À midi, Cornélius est conduit dans la cour de la prison mais, au moment où le bourreau[1] lève son épée, il entend quelqu'un dire que Guillaume, prince d'Orange, lui fait grâce[2] et qu'il change la peine de mort contre la prison à vie. Cornélius van Baerle n'est pas assez coupable pour mourir, mais il l'est trop pour redevenir libre.

– Bah ! Tout n'est pas perdu. La prison à vie n'est pas si mauvaise avec Rosa… Et puis j'aurai aussi mes trois caïeux de la tulipe noire.

Mais Cornélius oublie que La Haye n'est pas la seule prison du pays et que le pain du prisonnier est moins cher ailleurs qu'à La Haye, qui est une capitale.

Son Altesse Guillaume l'envoie à la prison de Lœvestein, près de Dordrecht.

Parmi tous les spectateurs qui voulaient assister à l'exécution de Cornélius van Berle, le plus déçu est un bourgeois qui a passé toute la nuit devant la prison, pour être sûr de se trouver au premier rang. Ce bourgeois est mynheer Isaac Boxtel. Il était sûr que Cornélius allait mourir avec ses caïeux sur le cœur et il était allé trouver le bourreau pour lui acheter les vêtements du condamné.

En apprenant la grâce, Boxtel devient fou de rage.

---

1. Bourreau : personne qui applique la peine de mort à un condamné.
2. Faire grâce : pardonner, échanger la peine de mort contre une peine plus légère.

CHAPITRE III

*U*NE FOIS ARRIVÉ À LA PRISON, Cornélius voit des pigeons se poser sur les fenêtres de Lœvestein.

– Ces pigeons viennent sûrement de Dordrecht et, par conséquent, ils peuvent sûrement y retourner. Si j'arrive à attacher un papier à l'aile de ces pigeons, je pourrai donner de mes nouvelles à ma nourrice.

Van Baerle lui écrit un mot, et il supplie la personne qui trouvera le papier de le lui remettre le plus rapidement possible. Dans cette lettre, il y a aussi quelques lignes pour Rosa.

La nourrice a bien reçu la lettre et, un soir du mois de février, Cornélius reconnaît la voix douce de Rosa.

– Oh monsieur ! me voici.

– Rosa ! Comment avez-vous pu entrer dans la prison ?

– Silence ! Parlons doucement car mon père me suit, dit la jeune fille.

– Votre père ?

– Écoutez, je vais essayer de tout vous dire en deux mots : dès que j'ai reçu votre lettre, que votre nourrice m'a lue, j'ai tout fait pour que mon père soit nommé geôlier à la prison de Lœvestein.

– Alors, je vous verrai tous les jours ?

– Le plus souvent que je pourrai.

– O Rosa ! dit Cornélius, vous m'aimez donc un peu ?

– Plus que cela, monsieur Cornélius. Mais, taisez-vous, car voici mon père !

Gryphus entre, suivi de son chien.

– Monsieur, dit Gryphus, qui ne reconnaît pas le prisonnier, je suis votre nouveau geôlier. Je ne suis pas méchant mais je veux qu'on m'obéisse.

– Mais je vous connais parfaitement, mon cher monsieur Gryphus, dit le prisonnier. Et je vois que votre bras va très bien.

– Ah, c'est vous, monsieur van Baerle ! Quelle vue avez-vous d'ici ?

– Une vue très belle, dit Cornélius en regardant Rosa.

Van Baerle a juste le temps de serrer la main de Rosa, qui lui dit :

– À neuf heures, ce soir.

À neuf heures du soir, le guichet[1] s'ouvre à nouveau.

– Me voici, dit Rosa. Vous êtes content de me voir ?

– Vous me le demandez ? Mais comment avez-vous fait pour venir ?

– Mon père boit trop de vin et il s'endort chaque soir dès qu'il a soupé ; ne dites rien à personne, car,

---

1. Guichet : petite ouverture dans une porte, au niveau du visage.

grâce à ce sommeil, je pourrai chaque soir venir passer une heure avec vous.

– Oh ! je vous remercie, chère Rosa.

– Je vous ai rapporté vos caïeux de tulipe.

Cornélius n'a pas osé demander à Rosa ce qu'elle avait fait du précieux trésor qu'il lui avait confié.

– En vérité, dit-elle, j'ai bien souvent regretté de ne pas savoir lire ; surtout lorsque votre nourrice m'a apporté votre lettre ; j'ai longtemps tenu dans ma main cette lettre qui parlait pour les autres et qui était muette pour moi.

Le lendemain, Rosa monte comme la veille, avec le même mystère et les mêmes précautions. Elle commence à lui tendre à travers le guichet ses trois caïeux, qui sont toujours enveloppés dans le même papier.

Mais, au grand étonnement de Rosa, Cornélius repousse sa blanche main du bout de ses doigts.

– Écoutez-moi, Rosa ; nous risquons[1] trop, je crois, si nous mettons toute notre fortune dans le même sac. Songez qu'il s'agit, ma chère Rosa, de faire fleurir la grande tulipe noire. Prenons donc toutes nos précautions. Vous avez bien dans cette prison un petit jardin ?

– Nous avons un très beau jardin, dit Rosa.

– Pouvez-vous, chère Rosa, m'apporter un peu de la terre de ce jardin ?

– Dès demain.

---

1. Risquer : mettre en danger.

– Vous prendrez de la terre à l'ombre et au soleil et je choisirai la meilleure. Nous ferons trois parts de nos trois caïeux, vous en prendrez un que vous planterez le jour que je vous dirai dans la terre choisie par moi : il fleurira certainement si vous le soignez selon mes indications. Vous m'en donnerez un autre que j'essaierai d'élever ici, ce qui m'aidera à passer ces longues journées pendant lesquelles je ne vous vois pas. Et vous garderez le troisième caïeu. De cette manière, ma chère Rosa, nous gagnerons sûrement les cent mille florins.

– Je ferai ce que vous me demandez, dit Rosa. Je vous apporterai demain de la terre, vous choisirez la mienne et la vôtre. Mais il me faudra faire plusieurs voyages, car je ne pourrai vous en apporter que peu à la fois.

– Oh ! nous ne sommes pas pressés, chère Rosa ; nos tulipes ne doivent pas être enterrées avant un mois.

Chaque soir, Rosa apporte à Cornélius une poignée de la terre du jardin qu'il a trouvée la meilleure.

Il la met dans une grande cruche. Puis, vers le commencement d'avril, il y dépose le premier caïeu.

Rosa vient tous les jours voir Cornélius et ils passent une heure à parler de la tulipe noire.

– Comment va votre tulipe, Rosa ?

– Très bien. J'ai fait tout ce que vous m'avez dit.

– Vous êtes une bonne élève, Rosa, et vous gagnerez certainement les cent mille florins. Mais vous

devez apprendre à lire et à écrire. Nous commencerons demain, si vous le voulez bien.

— Oh ! dit Rosa, j'ai un livre qui, je l'espère, nous portera bonheur.

Le lendemain, Rosa revient avec la Bible que lui a donnée Corneille de Witt.

Tous les soirs à la même heure, la jeune fille s'appuie au guichet, la tête penchée, et suit avec un de ses doigts sur le livre les lettres et les syllabes[1] que lui fait épeler[2] Cornélius.

L'intelligence de Rosa se développe rapidement.

Un soir, elle arrive une demi-heure plus tard que de coutume.

Oh ! ne me grondez pas, dit la jeune fille à Cornélius, ce n'est pas ma faute. Mon père revoit un homme qui est venu plusieurs fois au Buytenhoff, à La Haye ; tenez, juste au moment où vous y étiez enfermé. À La Haye, il disait qu'il voulait vous voir. Mais ce n'était pas vrai, car aujourd'hui il dit qu'il ne vous connaît pas. Vous êtes sûr, monsieur Cornélius, que personne ne s'intéresse à vous ?

— Je n'ai pas d'amis, Rosa, je n'ai que ma nourrice ; vous la connaissez et elle vous connaît.

— Hier, il m'a suivi dans le jardin où je dois planter votre caïeu.

---

1. Syllabe : groupe de consonnes et de voyelles, ou groupe de voyelles qu'on prononce d'un seul coup.
2. Épeler : prononcer, une par une, les lettres qui composent un mot.

– Il est sûrement amoureux de vous ! dit Cornélius. Est-il jeune, est-il beau ?

– Pas du tout, dit Rosa en éclatant de rire. Il est hideux[1], il a le corps voûté[2], les jambes tordues et il est vieux.

– Et il s'appelle ?

– Jacob Gisels.

– Je ne le connais pas. En tout cas, s'il vous aime, Rosa, ce qui est bien probable, car vous voir c'est vous aimer, vous ne l'aimez pas, vous, n'est-ce pas ?

– Oh ! non ! Mais dites-moi, quand dois-je planter mon caïeu ?

– Je vous le dirai le jour venu ; mais surtout, ne dites rien à personne et gardez précieusement le troisième caïeu qui vous reste.

– Il est encore dans le même papier où vous l'avez mis, monsieur Cornélius. Je le garde au fond de mon armoire.

***

Un matin où Cornélius s'occupe de son caïeu, il n'entend pas arriver Gryphus ; et celui-ci le surprend, son pot de fleur entre ses genoux.

– Ah, ah ! Qu'est-ce que c'est ? dit-il en prenant le pot et en mettant ses doigts dans la terre.

---

1. Hideux : très laid.
2. Voûté : qui n'est pas droit.

– Laissez-moi ma tulipe !

Gryphus prend le caïeu tout noir et le jette par terre, puis il l'écrase.

– Vous êtes un homme bien méchant, Gryphus, pour arracher à un pauvre prisonnier sa seule consolation : un oignon de tulipe.

– C'est vrai, mon père, dit Rosa, qui vient d'arriver devant la porte.

– Ce n'est qu'une tulipe, ma fille.

– Nous planterons l'autre demain, cher monsieur Cornélius, dit à voix basse Rosa, qui comprend l'immense douleur du tulipier.

Le soir, la jeune fille revient.

– Mon père ne vous empêchera plus de cultiver vos tulipes. Si vous saviez comme son ami le gronde !

– Ah ! M. Jacob, il ne vous quitte donc pas, M. Jacob ?

– Il nous quitte le moins possible. Mon père a raconté l'histoire du caïeu et a dit qu'il l'avait écrasé. Si vous aviez vu maître Jacob ! J'ai cru qu'il allait étrangler mon père. Puis il m'a demandé si vous aviez deux autres caïeux.

– Il a demandé cela ?

– Oui. Et il a proposé à mon père de fouiller votre chambre pour savoir si vous aviez d'autres caïeux.

– Oh ! oh ! fait Cornélius. Mais ce M. Jacob est un scélérat[1]. Dites-moi, Rosa, vous m'avez raconté que le

---

1. Scélérat : mauvais homme.

jour où vous aviez préparé la terre dans le jardin, cet homme vous avait suivie ?
– Oui.
– Rosa..., dit Cornélius en pâlissant. Ce n'est pas vous qu'il suivait. Ce n'est pas de vous qu'il est amoureux.
– De qui donc, alors ?
– De mon caïeu ! Rosa, il faut que nous soyons très prudents. Vous cultiverez le deuxième caïeu selon mes instructions ; et quant au troisième caïeu, gardez-le dans votre armoire ! Gardez-le comme l'avare[1] garde sa première ou sa dernière pièce d'or, gardez-le, Rosa ! Et si le feu du ciel tombait sur Lœvestein, jurez-moi qu'au lieu de vos bijoux, vous emporteriez ce dernier caïeu qui renferme ma tulipe noire.
– Soyez tranquille, monsieur Cornélius, dit Rosa.
– Et si vous vous apercevez que vous êtes suivie, eh bien ! Rosa, sacrifiez[2]-moi tout de suite, moi qui n'ai plus que vous au monde, et ne me voyez plus.
– Hélas ! dit-elle. Je vois bien que vous aimez tant les tulipes qu'il n'y a plus de place dans votre cœur pour un autre amour.

---

1. Avare : qui a de l'argent mais qui n'aime pas le dépenser.
2. Sacrifier : abandonner.

CHAPITRE IV

*L*A PAUVRE ROSA A DÉCIDÉ de ne plus aller voir le prisonnier. Enfermée dans sa chambre, elle croit que Cornélius rêve plus à sa tulipe qu'à elle, mais elle se trompe.

– Je vais continuer à apprendre à lire et à écrire toute seule, se dit-elle, et, comme ça, dans huit jours, je pourrai lui donner des nouvelles de la tulipe.

Dans sa prison, Cornélius est plus amoureux que jamais. Il se demande comment il a pu dire à Rosa de renoncer à le voir, alors que pour lui la vue de la jeune fille est devenue nécessaire.

De la chambre de Cornélius, on entend sonner les heures à l'horloge de la prison. Tous les soirs, pendant une semaine, il attend Rosa. Tous les soirs, pendant une semaine, il entend sonner les heures : sept heures, huit heures, neuf heures... et Rosa ne vient pas.

– J'ai bien mérité ce qui m'arrive, pense Cornélius. Oh ! elle ne viendra pas.

Et malgré cela, Cornélius écoute, attend et espère toujours.

Le temps est bon, l'atmosphère, quoique encore un peu humide, commence à être tempérée et Cornélius est inquiet :

– Que va devenir ma tulipe ? Rosa devrait planter le caïeu maintenant, mais elle ne vient pas me voir et elle ne va pas savoir quand le faire...

Et Cornélius, peu à peu, perd l'appétit.

Plusieurs jours de suite, Gryphus emporte le repas du prisonnier intact. Cornélius ne se lève plus, ne mange plus...

– Bon, dit Gryphus en descendant après la dernière visite ; bon, je crois que ce van Baerle ne va pas faire de vieux os[1]. Il ne boit plus, il ne mange plus, il ne se lève plus...

Rosa comprend immédiatement que Cornélius est inquiet pour sa tulipe.

Le lendemain, en se levant, Cornélius trouve un papier qu'on a glissé sous la porte :

Soyez tranquille, votre tulipe va bien.

Ainsi, c'était bien cela ; Rosa n'est pas malade, et c'est volontairement qu'elle reste éloignée de Cornélius.

Cornélius prend du papier et un crayon et lui répond :

Ce n'est pas l'inquiétude que me cause ma tulipe qui me rend malade ; c'est le chagrin que j'éprouve de ne pas vous voir, chère Rosa.

Puis, le soir venu, il glisse le papier sous la porte. Tard dans la nuit, il entend une voix faible et douce dire :

---

1. Ne pas faire de vieux os : ne pas vivre longtemps.

– À demain.

Le lendemain en effet, à l'heure habituelle, van Baerle entend le pas de Rosa.

On devine que Cornélius est près de la porte.

– Vous êtes souffrant, monsieur Cornélius ? Vous êtes très pâle et vous avez l'air très triste. Mon père m'a dit que vous ne mangiez plus et que vous ne vous leviez plus ; alors je vous ai écrit pour vous tranquilliser et vous dire que votre tulipe, que vous aimez plus que tout, va très bien.

– Et moi, je vous ai répondu. Je croyais, en vous voyant revenir, chère Rosa, que vous aviez reçu ma lettre.

– C'est vrai, je l'ai reçue. C'est pour cela que je suis venue, pour vous parler de votre tulipe.

– Ah ! Rosa, ne vous ai-je pas dit que je ne pense qu'à vous, que c'est vous seule qui me manquez, vous seule qui, par votre absence, me retirez l'air, le jour, la chaleur, la lumière, la vie…

– Ah ! dit-elle en souriant, je dois vous dire que votre tulipe a couru un grand danger.

– Un grand danger ! Mon Dieu ! Lequel ?

– Vous aviez raison, l'amoureux, le Jacob ne venait pas pour moi. Il venait pour la tulipe. Je suis descendue un jour dans le jardin et j'ai fait semblant de planter le caïeu. Et puis j'ai fait semblant de partir et je l'ai vu mettre ses mains dans la terre, la remuer et chercher le caïeu.

– Oh ! le misérable ! Mais le caïeu, Rosa, qu'avez-vous fait du caïeu ? Hélas ! il est déjà un peu tard pour le planter.

– Le caïeu est dans la terre que vous avez choisie depuis six jours et Jacob Gisels ne peut pas le voler car il est dans ma chambre. Maintenant il a le soleil toute la journée. Mais quand il sera sorti de terre, quand le soleil sera plus chaud, je ferai comme vous faisiez ici : je le mettrai au soleil de huit heures du matin à cinq heures de l'après-midi.

– Oh ! Vous êtes un jardinier parfait, ma belle Rosa. Mais j'y pense, la culture de ma tulipe va vous prendre tout votre temps.

– Oui, c'est vrai, dit Rosa, mais votre tulipe, c'est un peu ma fille. Je lui donne le temps que je donnerais à mon enfant, si j'étais mère. Il n'y a qu'en devenant sa mère, dit Rosa en souriant, que je ne serai plus sa rivale[1].

– Cela vous déplaît, ma douce Rosa, que j'aime les fleurs ?

– Cela m'attriste que vous les aimiez plus que moi.

– Ah ! chère bien-aimée, voyez mes mains qui tremblent, regardez mon front pâle, écoutez mon cœur qui bat ; eh bien, ce n'est pas parce que ma tulipe noire me sourit et m'appelle ; non : c'est parce que vous me souriez, vous, c'est parce que vous penchez votre front vers moi. Rosa, mon amour, jetez le caïeu de la tulipe

---

1. Rivale : femme qui lutte contre une autre femme pour obtenir l'amour d'un homme.

noire, mais ne m'ôtez[1] point votre voix, ne m'ôtez pas le bruit de vos pas dans l'escalier, ne m'ôtez pas la lumière de vos yeux dans le couloir de la prison ; aimez-moi, Rosa, car je sens bien que je n'aime que vous.

Rosa vient de nouveau tous les soirs, et elle laisse Cornélius lui caresser les mains, lui embrasser les cheveux…

– Cornélius, la tulipe commence à sortir de terre.

– Oh ! Rosa, vous verrez comme elle va grandir vite.

– Je ne pense qu'à elle, Cornélius.

– Qu'à elle, Rosa ? Prenez garde, c'est moi qui vais être jaloux à mon tour.

Deux jours plus tard, Rosa lui annonce que les pétales vont s'ouvrir.

– Et la couleur, Rosa ?

– Ah ! Elle est bien foncée. Foncée comme l'encre avec laquelle je vous ai écrit.

– Rosa, ma tulipe va fleurir, et ma tulipe va fleurir noire ! Dès qu'elle sera ouverte, mettez-la bien à l'ombre, Rosa, et à l'instant même, partez à Harlem pour prévenir le président de la Société d'horticulture* que la grande tulipe noire est fleurie. Vous emporterez la fleur car il ne faut pas vous séparer d'elle un seul instant.

– Mais en ne me séparant point d'elle, je me sépare de vous, monsieur Cornélius, dit Rosa attristée.

---

1. Ôter : enlever.

– Ah ! c'est vrai, ma douce, ma chère Rosa. Vous avez raison, je ne pourrais pas vivre sans vous. Eh bien, vous enverrez quelqu'un à Harlem ; et le président viendra lui-même à Lœvestein chercher la tulipe. Mais, Rosa, personne ne doit voir la tulipe noire. Si quelqu'un la voyait, il la volerait…

– C'est dix heures, dit Rosa, il faut que je vous quitte. Je retourne auprès de la tulipe, et dès qu'elle sera ouverte, j'enverrai quelqu'un avertir le président. Au revoir, mon ami.

– Dites : Mon ami bien aimé.

– Mon ami bien aimé, oui bien aimé…

– Il ne me manque qu'une chose, Rosa.

– Laquelle ?

– Votre joue, votre joue fraîche, votre joue rosée.

À ce moment, le prisonnier rencontre les lèvres de la jeune fille, non plus par accident, non plus pas surprise…

* * *

– Cornélius, mon ami, mon ami bien-aimé, venez, venez vite. Elle est ouverte, elle est noire, la voilà.

– Oh ! mon Dieu ! Qu'elle est belle !

– Embrassez-la, Cornélius, embrassez-la, comme je l'ai embrassée tout à l'heure. Voyez comme elle est belle ; et sa fleur tout entière est noire et brillante.

– Rosa, nous n'avons plus un instant à perdre, il faut écrire la lettre.

– Je l'ai écrite pendant que la tulipe s'ouvrait, mon bien-aimé Cornélius. Écoutez :
Monsieur le président,
La tulipe noire va s'ouvrir dans dix minutes peut-être. Aussitôt ouverte, je vous enverrai un messager pour vous prier de venir vous-même en personne la chercher dans la prison de Lœvestein. Je suis la fille du geôlier Gryphus, presque aussi prisonnière que les prisonniers de mon père. Je ne pourrai donc pas vous porter cette merveille. C'est pourquoi j'ose vous demander de venir la chercher vous-même.
Je désire qu'elle s'appelle Rosa Barlaensis.
Elle vient de s'ouvrir ; elle est parfaitement noire...
Venez, monsieur le président, venez.

> Rosa Gryphus

– C'est très bien, chère Rosa. Maintenant il faut faire vite...
– Comment s'appelle le président ?
– Donnez, je vais écrire l'adresse : À mynheer Peters van Systens, président de la Société horticole de Harlem.

* * *

Le lecteur a bien sûr deviné que Jacob Gisels et Isaac Boxtel étaient la même personne.

Boxtel était sûr que Cornélius avait un second

caïeu car il avait suivi Rosa dans le jardin, dans les couloirs de la prison, et il avait entendu les amoureux parler d'un deuxième caïeu. Il avait vu Rosa porter un pot dans sa chambre. Et puis, il avait loué une chambre juste en face de la fenêtre de Rosa et il avait pu suivre tout ce qui se passait à Lœvestein dans la chambre de la jeune fille, tout comme il avait suivi à Dordrecht tout ce qui se passait dans le séchoir de Cornélius.

Il voulait trouver ce second caïeu mais ce n'était pas facile car Rosa ne quittait pas la chambre de la journée et elle surveillait sa tulipe comme une mère surveillerait son enfant.

Isaac avait donc décidé de voler la tulipe noire. Comme les deux jeunes gens cachaient son existence à tout le monde, il était sûr qu'on le croirait plutôt lui, tulipier reconnu, qu'une jeune fille étrangère à tous les détails de l'horticulture ou qu'un prisonnier condamné pour crime de haute trahison, et il obtiendrait bien certainement le prix ; et la tulipe, au lieu de s'appeler *Tulipa nigra Barlaensis*, s'appellerait *Tulipa nigra Boxtellensis*.

Mais, pour voler la tulipe, il fallait entrer dans la chambre de Rosa et, pour cela, il avait fait faire une fausse clé.

***

Une demi-heure après la visite de Rosa, alors que les premiers rayons du jour entraient à travers les barreaux de la fenêtre dans la prison de Cornélius, il entend à nouveau les pas de Rosa.

– Cornélius ! Cornélius !

– Quoi donc ? Mon Dieu !

– Cornélius ! La tulipe... On nous l'a prise, on nous l'a volée, dit Rosa en s'appuyant contre la porte pour ne pas tomber.

– Mais comment cela ? Dites-moi, expliquez-moi...

– Oh ! Ce n'est pas de ma faute. La clef ne m'a pas quittée, je l'ai constamment tenue dans ma main.

– Mais alors ?

– Quelqu'un a sûrement fait faire une fausse clef.

Cornélius, immobile, écoute presque sans comprendre, murmurant seulement :

– Volée, volée ! Rosa, on nous a volés, c'est vrai, mais nous connaissons le voleur : c'est ce Jacob. Rosa, il faut le poursuivre, il faut le rejoindre. Ouvrez-moi cette porte, et vous verrez comme je le retrouverai, vous verrez...

– Hélas ! dit Rosa en éclatant en sanglots, je ne peux pas vous ouvrir. Je n'ai pas les clefs. Si je les avais, il y a longtemps que vous seriez libre !

– Votre père les a. Oh, le misérable, le misérable ! Il est sûrement complice[1] de Jacob.

– Parlez plus bas, au nom du ciel.

– Je tuerai Jacob et je tuerai Gryphus, hurle van

---

1. Complice : personne qui aide une autre personne à faire quelque chose de mal.

Baerle, fou de colère, en tapant contre la porte.

– Calmez-vous, Cornélius. Je vous promets que je prendrai les clefs de mon père et que je vous ouvrirai, mais calmez-vous, mon ami.

Le vieux Gryphus apparaît au milieu de tout ce bruit.

– Ah ! Vous me prendrez mes clefs, ma fille, dit-il avec colère. Ah ! Vous parlez avec les prisonniers d'État. C'est bon. Ah ! Monsieur l'innocent tulipier, ah ! vous me tuerez ! Très bien ! Ah ! Son Altesse Guillaume d'Orange saura tout demain. Suivez-moi, ma fille. Et vous, monsieur le savant, au revoir !

– Tout n'est pas perdu encore, compte sur moi, mon Cornélius, dit Rosa en suivant son père.

***

Pendant ce temps, Boxtel est sorti du château, la tulipe noire enveloppée dans un grand manteau, et il est parti pour Harlem, sans rien dire à Gryphus. Une fois à Harlem, il enlève la tulipe du pot et la dépose dans une boîte, avec de la mousse* fraîche, puis il écrit au président de la Société horticole une lettre dans laquelle il lui annonce qu'il vient d'arriver à Harlem avec une tulipe parfaitement noire.

CHAPITRE V

Rosa, en quittant Cornélius, a décidé de retrouver la tulipe. Elle a pris tout l'argent qu'elle possédait ainsi que le troisième caïeu et elle est partie elle aussi à Harlem.

Le soir même, elle arrive dans la ville et se fait conduire chez le président de la Société horticole, maître van Systens.

– Mademoiselle, vous venez me parler de la tulipe noire ? Elle se porte bien ?

– Hélas ! monsieur, je ne sais pas, dit Rosa, car on me l'a volée.

– On vous a volé la tulipe noire ? Alors je connais le voleur car j'ai vu la tulipe noire cet après-midi.

– Vous avez vu la tulipe noire ? Mais où cela ?

– Chez votre maître, apparemment. Vous travaillez bien chez M. Isaac Boxtel ?

– Je ne connais pas M. Boxtel. C'est la première fois que j'entends prononcer ce nom. Mais, dites-moi, est-ce que ce monsieur est maigre et chauve ?

– Oui.

– Il a le dos voûté et les jambes tordues ?

– Mais oui.

– Alors c'est bien l'homme qui a volé ma tulipe. Je

vous en supplie, monsieur, faites venir ici ce monsieur Boxtel. Vous êtes un honnête homme, monsieur. Vous ne pouvez pas donner le prix à un homme qui présente une tulipe volée.

À ce moment, un grand bruit se fait entendre dans la rue : le prince d'Orange entre chez le président de la Société horticole.

– Monseigneur, Votre Altesse chez moi ! dit le président.

– Cher monsieur van Systens, dit Guillaume d'Orange avec simplicité, je suis un vrai Hollandais, moi. J'aime l'eau, la bière et les fleurs ; et j'aime beaucoup les tulipes. J'ai entendu dire que la ville de Harlem possédait enfin la tulipe noire, et je viens vous demander si c'est vrai. Vous avez la fleur ici ?

– Hélas, non, monseigneur, je ne l'ai pas ici.

– Et où est-elle ?

– Chez son propriétaire qui est un tulipier de Dordrecht.

– Comment s'appelle-t-il ?

– Isaac Boxtel. Il est maintenant à l'hôtel du Cygne Blanc ; je vais l'envoyer chercher. Je dois vous dire que cette tulipe est déjà réclamée par une autre personne. Il est vrai qu'elle vaut cent mille florins. La personne qui réclame la tulipe est là, dans la chambre à côté. J'allais l'interroger quand Votre Altesse est entrée.

– Écoutons-la, monsieur van Systens, écoutons-la et je ferai justice. Appelez-moi Monsieur devant elle.

Rosa était toujours à la même place, appuyée à la fenêtre, et elle regardait le jardin.

Guillaume d'Orange prend un livre dans la bibliothèque et fait signe à van Systens de commencer l'interrogatoire.

– Ma fille, dit-il, vous me promettez de dire la vérité, toute la vérité sur cette tulipe ?

– Je vous le promets, monsieur le président.

– Eh bien, parlez donc devant Monsieur, qui est un des membres de la Société horticole.

– Monsieur, dit Rosa, faites venir ici M. Boxtel avec sa tulipe ; si je ne la reconnais pas, je le dirai ; mais si je la reconnais, je la réclamerai. Et si c'est nécessaire, j'irai voir Son Altesse, mes preuves à la main.

– Pourquoi dites-vous que vous êtes la propriétaire de la tulipe noire ?

– Mais parce que c'est moi qui l'ai plantée et cultivée dans ma propre chambre, à Lœvestein. Je suis la fille du geôlier de la prison de Lœvestein.

– Et vous aimez les fleurs ?

– Oui, monsieur van Systens.

– Alors, vous êtes une savante fleuriste ?

– Messieurs, je parle à des gens d'honneur ?

– Oui, mademoiselle

– Eh bien, non ! ce n'est pas moi qui suis une savante fleuriste. Non ! moi je ne suis qu'une pauvre paysanne de la Frise[1], qui, il y a trois mois encore, ne

---

1. Frise : région de Hollande.

savait ni lire ni écrire. C'est un prisonnier de Lœvestein qui a trouvé la tulipe noire.

– Un prisonnier de Lœvestein ? dit le prince. Un prisonnier d'État alors, car à Lœvestein, il n'y a que des prisonniers d'État.

– Oui, un prisonnier d'État.

– Continuez, dit Guillaume au président.

– Oh ! monsieur, dit Rosa en s'adressant au président, je vais m'accuser bien gravement. Je voyais le prisonnier tous les jours.

– Cela, dit le prince, ne regarde pas les membres de la Société horticole ; ils doivent s'intéresser uniquement à la tulipe noire et ne connaissent pas les problèmes politiques. Continuez, jeune fille, continuez.

Et Rosa, rassurée, raconte tout ce qui s'est passé depuis trois mois. Elle parle de son père qui a écrasé le premier caïeu, de la douleur du prisonnier, de tout ce qu'elle a fait pour que le second caïeu puisse donner la tulipe noire ; comment Cornélius a voulu mourir de faim parce qu'il n'avait plus de nouvelles de sa tulipe ; de sa joie quand il a appris que la tulipe était noire, enfin de leur désespoir à tous deux lorsqu'ils ont vu que la tulipe qui venait de fleurir avait été volée une heure après sa floraison.

Tout cela a été dit avec un accent de vérité qui laisse le prince impassible[1], en apparence du moins, mais qui impressionne beaucoup M. van Systens.

---

1. Impassible : qui reste calme et ne montre aucune émotion.

***

– Messieurs, dit M. Boxtel en entrant, comme vous me l'avez demandé, je viens vous montrer ma tulipe.

– C'est lui ! dit Rosa en entendant la voix de l'homme.

Le prince lui fait signe d'aller regarder dans le salon par la porte entrouverte.

– C'est ma tulipe, dit Rosa, c'est elle, je la reconnais. O mon pauvre Cornélius !

Le prince se lève et va jusqu'à la porte.

– Monsieur Boxtel, dit le prince, entrez ici.

– Son Altesse ! s'écrie-t-il en reconnaissant Guillaume d'Orange.

– Son Altesse ? dit Rosa.

Boxtel se retourne, aperçoit Rosa et frissonne[1].

– Ah ! dit le prince, en se parlant à lui-même, il est troublé.

– Monsieur Boxtel, dit Guillaume, vous dites que vous avez trouvé le secret de la tulipe noire ?

– Oui, monseigneur.

– Voici une jeune fille qui dit l'avoir trouvé aussi.

Boxtel sourit et hausse les épaules.

– Vous ne connaissez pas cette jeune fille ? demande le prince.

– Non, monseigneur.

---

1. Frissonner : trembler légèrement.

– Et vous, jeune fille, connaissez-vous M. Isaac Boxtel ?
– Non, je ne connais pas M. Boxtel, mais je reconnais M. Jacob Gisels.
– Que voulez-vous dire ?
– Je veux dire qu'à Lœvestein, ce monsieur qui dit s'appeler Isaac Boxtel se faisait appeler M. Jacob.
– Que répondez-vous, monsieur Boxtel ?
– Je dis que cette jeune fille ment, monseigneur.
– Vous n'êtes jamais allé à Lœvestein ?
– Je connais Lœvestein, monseigneur, mais je n'ai pas volé la tulipe.
– Vous me l'avez volée, et dans ma chambre ! répond Rosa.
– Il y a vingt ans, monseigneur, que je cultive des tulipes à Dordrecht. Maintenant voilà la vérité : cette jeune fille a un amant dans la prison de Lœvestein, et ils ont décidé de me voler le prix de cent mille florins que je gagnerai, j'espère, grâce à votre justice.
– Silence ! dit le prince.
Puis, se retournant vers Boxtel :
– Et qui est ce prisonnier ?
– Ce prisonnier, monseigneur, est un criminel d'État, condamné une fois à mort. Il s'appelle Cornélius van Baerle, et c'est le filleul de ce scélérat de Corneille de Witt. Je suis venu à Lœvestein ; j'y ai fait connaissance avec le vieux Gryphus, je suis devenu amoureux de sa fille, je l'ai demandée en mariage, et comme je n'étais pas riche, je lui ai confié mon espérance de

gagner cent mille florins ; et pour justifier cette espérance, je lui ai montré la tulipe noire.

– Oh ! mon Dieu ! gémit Rosa en larmes, en se jetant aux pieds du prince. Monseigneur ! monseigneur ! Cornélius n'est pas coupable.

– La tulipe est à vous ? demande-t-elle soudain à Boxtel en se tournant vers lui.

– Oui.

– Combien avait-elle de caïeux ?

Boxtel hésite un instant, mais il comprend que la jeune fille ne poserait pas cette question s'il n'y avait que les deux caïeux connus.

– Trois, dit-il.

– Et que sont devenus ces caïeux ?

– Et bien, le premier n'a rien donné, le deuxième a donné la tulipe noire... et le troisième est chez moi.

– Chez vous ? Où cela, à Lœvestein ou à Dordrecht ?

– À Dordrecht.

– Vous mentez ! s'écrie Rosa. Monseigneur, ajoute-t-elle en se tournant vers le prince, la véritable histoire de ces trois caïeux, je vais vous la dire, moi. Le premier a été écrasé par mon père dans la chambre du prisonnier, et cet homme le sait bien, car il espérait s'en emparer. Le second, soigné par moi, a donné la tulipe noire, et le troisième, le voici dans le même papier qui l'enveloppait avec les deux autres quand, au moment de mourir, Cornélius van Baerle me les a donnés tous les trois. Tenez, monseigneur.

Et Rosa, sortant le caïeu du papier qui l'enveloppait, le donne au prince.

– Mais, monseigneur, cette jeune fille ne peut-elle pas l'avoir volé comme la tulipe, dit Boxtel, effrayé de l'attention avec laquelle le prince examine le caïeu et surtout de celle avec laquelle Rosa lit quelques lignes écrites sur le papier resté entre ses mains.

Tout à coup, les yeux de la jeune fille brillent ; elle relit ce papier mystérieux et, poussant un cri, le tend au prince en lui disant :

– Oh ! lisez, monseigneur, au nom du ciel, lisez !

Guillaume donne le troisième caïeu au président, prend le papier et le lit.

Cette feuille, que vient de lui remettre Rosa, est la page de la Bible que Corneille de Witt avait envoyée à Dordrecht, par Craeke, pour demander à Cornélius de brûler sa correspondance avec M. de Louvois. Cette feuille est à la fois la preuve de l'innocence de van Baerle et son titre de propriété aux caïeux de la tulipe.

– Allez, monsieur Boxtel, dit le prince, justice sera faite, je l'ai promis.

Puis au président :

– Vous, mon cher monsieur van Systens, gardez ici cette jeune fille et la tulipe. Adieu.

CHAPITRE VI

*D*ANS LA PRISON DE LŒVESTEIN, un pas sonore se fait entendre dans l'escalier. Les gardes s'écartent pour laisser passer un officier. Celui-ci entre dans la chambre de Cornélius.

– Vous êtes M. Cornélius van Baerle ?
– Oui, monsieur, répond Cornélius en pâlissant.
– Alors suivez-moi.

Trois heures après, Cornélius entre à Harlem.

***

Nous avons vu que Rosa et la tulipe étaient restées chez le président van Systens.

Vers le soir, un officier entre chez van Systens : il vient chercher Rosa pour l'amener chez Son Altesse. Là, dans un grand bureau, elle trouve le prince, seul.

– Venez, mademoiselle, dit-il sans arrêter d'écrire.
– Monseigneur…
– Vous avez un père à Lœvestein ?
– Oui, monseigneur.
– Vous ne l'aimez pas ?
– Je ne l'aime pas comme une fille devrait aimer son père.

– C'est mal de ne pas aimer son père, mon enfant, mais c'est bien de ne pas mentir à son prince. Et pour quelle raison n'aimez-vous point votre père ?

– Mon père est méchant. Il maltraite[1] les prisonniers.

– Mais ne lui reprochez-vous pas de maltraiter particulièrement quelqu'un ?

– Mon père maltraite particulièrement M. van Baerle, qui...

– Qui est votre amant.

Rosa fait un pas en arrière.

– Que j'aime, monseigneur, répond-elle avec fierté.

– Et vous accepteriez d'être la femme d'un prisonnier ?

– Je serais la plus fière et la plus heureuse des créatures humaines si je devenais la femme de M. van Baerle ; mais...

Le prince ferme la lettre qu'il vient d'écrire et appelle un de ces officiers :

– Monsieur van Deken, portez à Lœvestein le message que voici. Ma fille, dit-il à Rosa, c'est dimanche la fête de la tulipe, et dimanche c'est après-demain. Faites-vous belle avec les cinq cents florins que voici ; je veux que ce jour-là soit un grand jour pour vous.

– Comment Votre Altesse veut-elle que je sois habillée ?

---

1. Maltraiter : traiter avec brutalité.

– Prenez le costume des mariées frisonnes, dit Guillaume, il vous ira très bien.

Enfin, ce grand jour tant attendu du 15 mai 1673 arrive. Dans la foule, tous les yeux cherchent la tulipe noire ainsi que le héros[1] de la fête qui, tout naturellement, est l'auteur de cette tulipe.

Isaac Boxtel voit marcher devant lui, sur un coussin de velours, la tulipe noire, et à sa gauche, dans une grande bourse[2], les cent mille florins. Il croit déjà entendre le prince dire à haute voix qu'un célèbre tulipier a découvert une fleur noire, et que cette fleur s'appellera désormais *Tulipa nigra Boxtellea*.

De temps en temps cependant, Boxtel quitte des yeux la tulipe et la bourse et regarde timidement dans la foule, car il redoute[3] d'apercevoir Rosa.

À ce même moment, un carrosse passe sur la route. Ce carrosse renferme le malheureux van Baerle.

– Qu'est-ce que cela, je vous prie, monsieur ? demande-t-il à l'officier chargé de l'accompagner.

– Comme vous pouvez le voir, monsieur, c'est une fête, une fête où les fleurs jouent le principal rôle.

– Monsieur, demande-t-il d'une voix tremblante, est-ce donc aujourd'hui que l'on donne le prix ?

– Le prix de la tulipe noire, oui.

---

1. Héros : personne très courageuse, qui a fait quelque chose de très important.
2. Bourse : petit sac de forme ronde dans lequel on met les pièces de monnaie.
3. Redouter : avoir peur de quelque chose.

— Hélas ! dit-il d'une voix tremblante, tous ces braves gens seront aussi malheureux que moi, car ils ne verront pas cette belle fleur, sauf si quelqu'un que je connais a retrouvé la tulipe noire.

— Alors, monsieur, dit l'officier, ce quelqu'un que vous connaissez l'a trouvée, car tout Harlem contemple en ce moment la célèbre fleur.

— La tulipe noire ! s'écrie van Baerle. Où cela ?

— Là-bas, sur le trône, voyez-vous ? Allons ! monsieur, dit l'officier, maintenant il faut partir.

— Oh ! par pitié, monsieur, dit van Baerle, ne m'emmenez pas ! Laissez-moi regarder encore ! Laissez-moi descendre, laissez-moi la voir de près, je vous prie.

— Mais vous oubliez que vous êtes prisonnier ?

— Je suis prisonnier, il est vrai, mais je suis un homme d'honneur ; et sur mon honneur, monsieur, je ne tenterai pas de fuir ; laissez-moi seulement regarder la fleur !

— Taisez-vous, malheureux, voici le carrosse de Son Altesse qui croise le nôtre.

Van Baerle se remet à la portière et supplie le prince juste au moment où celui-ci passe.

Guillaume, voyant cet homme qui gesticule et qui supplie, reconnaissant aussi peut-être l'officier qui accompagne cet homme, donne l'ordre d'arrêter le carrosse.

— Que se passe-t-il ? demande le prince à l'officier, qui s'approche respectueusement de lui.

— Monseigneur, c'est le prisonnier d'État que, par

votre ordre, j'ai été chercher à Lœvestein, et que je vous amène à Harlem, comme Votre Altesse l'a désiré.

– Que veut-il ?

– Il demande avec insistance qu'on lui permette de s'arrêter un instant ici.

– Pour voir la tulipe noire, monseigneur, crie van Baerle, en joignant les mains ; et après, quand je l'aurai vue, quand j'aurai su ce que je dois savoir, je mourrai, s'il le faut.

Guillaume le regarde froidement, puis, s'adressant à l'officier :

– Permettez au prisonnier de descendre, et qu'il aille voir la tulipe noire, bien digne d'être vue au moins une fois.

Cette permission donnée, le prince continue sa route et van Baerle, conduit par quatre gardes, voit enfin la fleur unique.

***

Guillaume promène un regard tranquille sur la foule, et son œil perçant[1] s'arrête tour à tour sur les trois extrémités d'un triangle formé en face de lui par trois intérêts et par trois drames bien différents.

À l'un des angles, Boxtel, regardant de toute son attention le prince, les florins, la tulipe noire et la foule.

---

1. Perçant : qui voit loin.

À l'autre, Cornélius muet, n'ayant de regard, de cœur, d'amour, que pour la tulipe noire, sa fille.

Enfin, au troisième, debout parmi les jeunes filles de Harlem, une belle Frisonne vêtue de fine laine rouge brodée d'argent et couverte de dentelles : c'est Rosa, les larmes aux yeux, qui s'appuie au bras d'un des officiers de Guillaume.

– Un prix de cent mille florins a été promis à celui qui trouverait la tulipe noire, dit le prince. Et cette merveille de la Hollande est là, devant vos yeux. La tulipe noire a été trouvée ! L'histoire de sa naissance et le nom de son auteur seront inscrits sur le livre d'honneur de la ville. Faites approcher la personne qui est propriétaire de la tulipe noire.

Et en prononçant ces paroles, le prince, pour juger de l'effet qu'elles produiront, promène son clair regard sur les trois extrémités du triangle. Il voit Boxtel s'élancer. Il voit Cornélius faire un mouvement involontaire. Il voit enfin l'officier chargé de veiller sur Rosa la conduire, ou plutôt la pousser devant son trône.

– Cette tulipe est bien à vous, n'est-ce pas, jeune fille ? dit le prince.

– Oui, monseigneur !

– Cette tulipe, poursuit le prince, portera donc le nom de son inventeur, et elle sera inscrite au Catalogue des fleurs sous le titre de *Tulipa nigra Rosa Barlaensis*, à cause du nom de van Baerle, qui sera désormais le nom de femme de cette jeune fille.

Et en même temps, Guillaume prend la main de Rosa et la met dans la main d'un homme qui vient de s'élancer, pâle, fou de joie, au pied du trône, en saluant tour à tour son prince, sa fiancée et Dieu.

En même temps aussi tombait aux pieds du président van Systens un autre homme frappé d'une émotion bien différente : Boxtel, ayant perdu toutes ses espérances, venait de tomber, mort.

— On ne sait trop, dit le prince à Cornélius, par qui est gagné cet argent, si c'est par vous ou si c'est par Rosa ; car si vous avez trouvé la tulipe noire, elle l'a élevée et fait fleurir ; aussi ne l'offrira-t-elle pas comme dot, ce serait injuste. D'ailleurs, c'est le don de la ville de Harlem à la tulipe.

Cornélius ne savait pas où voulait en venir le prince.

— Je donne à Rosa cent mille florins, qu'elle a bien gagnés et qu'elle pourra vous offrir ; ils sont le prix de son amour, de son courage et de son honnêteté. Quant à vous, monsieur, grâce à Rosa encore, qui a apporté la preuve de votre innocence, et en disant ces mots, le prince tend à Cornélius le fameux feuillet de la Bible sur lequel était écrite la lettre de Corneille de Witt, et qui avait servi à envelopper le troisième caïeu ; quant à vous, l'on s'est aperçu que vous aviez été emprisonné pour un crime que vous n'aviez pas commis. Vous êtes libre, et vos biens vous sont donc rendus. Monsieur van Baerle, vous êtes le filleul de M. Corneille de Witt et l'ami de M. Jean. MM. de Witt, mal jugés, mal punis, dans un moment d'erreur populaire, étaient deux grands citoyens dont la Hollande est fière aujourd'hui.

* * *

Cornélius et Rosa sont repartis le même jour pour Dordrecht.

Gryphus, ne voulant pas être moins généreux que son prince, a accepté le mariage de sa fille avec Cornélius et, après avoir été geôlier d'hommes, il est devenu le gardien des tulipes de Cornélius.

Rosa, de plus en plus belle, est devenue de plus en plus savante, et elle s'est chargée seule de l'éducation de deux beaux enfants, qui lui ont donné bien moins de mal que la fameuse fleur à laquelle elle doit de les avoir.

Il va sans dire que l'un étant un garçon et l'autre une fille, le premier a reçu le nom de Cornélius, et la seconde, celui de Rosa.

Van Baerle est resté fidèle à Rosa comme à ses tulipes ; toute sa vie, il s'est occupé du bonheur de sa femme, de celui de ses enfants et de la culture des fleurs.

Le monde des fleurs

Caïeu : partie d'un oignon. La plante se développe à partir du caïeu.

Déterrer : sortir de la terre.

Horticole : relatif à la culture des jardins.

Horticulture : culture des légumes, des fruits, des fleurs et des arbres qui poussent dans les jardins.

Mousse : herbe qui couvre le sol.

Oignon : partie ronde d'une plante qui se trouve sous terre.

Séchoir : pièce où l'on fait sécher les oignons.

Semis : terrain où l'on a semé des graines qui donneront ensuite une plante.

Serre : pièce dont les murs et le plafond sont en verre, qui est chauffée, et où l'on met en hiver les plantes qui ne supportent pas le froid.

QUESTIONS POUR COMPRENDRE

Chapitre I

1. Pourquoi Corneille de Witt est-il arrêté ?
2. Qui est Rosa ?
3. Que donne Corneille de Witt à Rosa avant de quitter la prison ?
4. Pourquoi Cornélius ne veut-il pas s'enfuir de chez lui en sautant par la fenêtre ?

Chapitre II

1. Que fait Cornélius lorsqu'il apprend qu'il est condamné ?
2. Que se passe-t-il au moment où le bourreau lève son épée ?
3. Pourquoi Cornélius ne reste-t-il pas à la prison de La Haye ?
4. Pourquoi Boxtel devient-il fou de rage ?

Chapitre III

1. Pourquoi est-ce que Cornélius va pouvoir voir Rosa tous les jours ?

2. Pourquoi Cornélius décide-t-il de ne garder qu'un seul caïeu avec lui ?

3. « L'amoureux » de Rosa est-il jeune et beau ?

4. Est-ce que Jacob Gisels va souvent à Lœvestein parce qu'il est amoureux de Rosa ?

Chapitre IV

1. Pourquoi est-ce que Rosa décide de ne plus voir Cornélius ?

2. Pourquoi Jacob a-t-il suivi Rosa dans le jardin ?

3. Que doit faire Rosa dès qu'elle sera sûre que la tulipe est noire ?

4. Pourquoi Boxtel est-il sûr qu'il y a un autre caïeu ?

Chapitre V

1. Que fait Rosa quand elle apprend qu'on a volé la tulipe noire ?

2. Pourquoi Boxtel est-il troublé en apercevant Rosa ?

3. Que dit Boxtel pour expliquer que la tulipe noire lui appartient ?

4. Comment Rosa prouve-t-elle que la tulipe noire n'appartient pas à Boxtel ?

Chapitre VI

1. Que fait Guillaume d'Orange lorsqu'il se rend compte que Cornélius est innocent ?

2. Pourquoi Guillaume d'Orange donne-t-il cinq cents florins à Rosa ?

3. À qui Guillaume d'Orange donne-t-il le prix ?

4. Qu'arrive-t-il à Boxtel quand il apprend qu'il n'a pas gagné le prix ?

Édition : BFM
Couverture : Fernando San Martin
Illustrations : Conrado Giusti

Crédits photos
Couverture : maxeva/Adobe Stock
Page 3 : Harlingue/Viollet